LA

BATAILLE DE FRIBOURG

— 3-5 AOUT 1644 —

LA
BATAILLE DE FRIBOURG

— 3-5 AOUT 1644 —

PAR

E. CHARVÉRIAT

AVEC DEUX CARTES

LYON

IMPRIMERIE PITRAT AINÉ

4, RUE GENTIL 4

1883

LA
BATAILLE DE FRIBOURG

3-5 AOUT 1644

On vient de publier en Allemagne, à Fribourg-en-Brisgau,
un travail assez étendu sur la bataille qui eut lieu en 1644,
sous les murs de cette ville, entre les Français commandés
par Condé, et les Bavarois commandés par Mercy[1]. Il y a
peu d'années encore, l'histoire militaire manquait de l'un de
ses éléments les plus importants, la connaissance du terrain.
Les anciens plans qui accompagnent les divers récits de la
bataille de Fribourg n'en donnent presque aucune idée[2]. C'est
seulement depuis le levé de la nouvelle carte du grand duché
de Bade, au $\frac{1}{25.000}$ avec courbes de niveau de 10 en 10 mètres,
qu'il est devenu possible de s'en rendre compte d'une ma-
nière exacte. C'est en prenant cette carte comme base de
son travail, en le complétant sur les lieux par des recherches
personnelles et spéciales, en faisant pour ainsi dire au sol
l'application des documents écrits, qu'un auteur allemand,

---

[1] AUGUST LUFFT, *Die Schlachten bei Freiburg (Breisgau) im August 1644.* — Freiburg und Tubingen, 1882.

[2] Les mémoires de Turenne et de Gramont, la relation de la Moussaie, etc.,
ne donnent presque pas un seul nom de lieu : village, montagne ou rivière.

M. Auguste Lufft, a pu donner un récit clair et détaillé de la bataille de Fribourg [1].

C'est en me servant de ce travail, de la carte badoise, et de divers mémoires et ouvrages modernes, que j'essaie, à mon tour, d'en donner un.

I

BATAILLE DU SCHÖNBERG

— 3 AOUT 1644 —

Après avoir battu les Français à Tuttlingen (24 novembre 1643), Mercy entreprit de leur enlever la rive droite du Rhin, où ils possédaient encore Fribourg et Brisach. Il commença par assiéger Fribourg. Il avait 15.000 hommes; le colonel Canoffsky, qui commandait la ville pour les Français, en avait 1.600. Le siège s'ouvrit le 27 juin 1644. Turenne essaya de le faire lever (1er juillet) [2], sa tentative échoua, et ne fut pas renouvelée. Il attendit l'arrivée de Condé [3], qui accourait à marches forcées des environs de Sedan.

---

[1] On est surpris de ne pas voir mentionnés par M. Lufft les observations de Napoléon sur les campagnes de Turenne, *le Mercure français*, et les ouvrages de deux auteurs militaires allemands, du Jarrys de la Roche et Heilmann. M. Lufft aurait pu aussi renvoyer plus fréquemment aux sources, donner des éclaircissements sur les lettres adressées par Mercy à l'électeur de Bavière, et ajouter quelques détails sur l'armement et la tactique des troupes. Enfin, si M. Lufft avait connu l'excellente *Histoire de France pendant la minorité de Louis XIV*, de M. Chéruel (Paris, Hachette 1879, I, 368), il aurait vu que la relation attribuée à Henri de Bessé, sieur de la Chapelle-Milon, est bien en réalité l'œuvre de la Moussaie, mais qu'elle a été dénaturée par Bessé, et que le texte véritable n'en a pas encore été publié. Quant au plan de la bataille, on ne voit pas pourquoi, les courbes de niveau étant données en mètres, les mesures de longueur le sont en pieds et en lieues.

[2] *Mémoires de Turenne*, Paris, Hachette, 1872, p. 6. Turenne avait réuni 8.500 hommes à Brisach.

[3] Louis II de Bourbon, duc d'Enghien, perdit son père le 26 décembre 1646, et prit alors seulement le nom de Condé.

Le 29 juillet, des signaux faits à Brisach [1] annoncèrent à Canoffsky que les secours approchaient, et l'engagèrent à prolonger encore la défense de deux ou trois jours ; mais, la veille (28 juillet), ayant épuisé toutes ses munitions et se voyant menacé d'un assaut général, il avait capitulé.

Le 31 juillet, Condé, qui avait pris les devants avec ses officiers, entra dans Brisach, où Turenne l'attendait avec impatience. Son but était tout tracé : battre Mercy, reprendre Fribourg, chasser les Bavarois, et asseoir sur les deux rives du Rhin la domination de la France.

Le maréchal de Gramont nous fait connaître en peu de mots le génie militaire de Mercy : « Dans tout le cours des deux longues campagnes que le duc d'Enghien, le maréchal de Gramont et le maréchal de Turenne ont faites contre lui, ils n'ont jamais projeté quelque chose dans leur conseil de guerre... que Mercy ne l'ait deviné et prévenu, de même que s'il eût été en quart avec eux, et qu'ils lui eussent fait confidence de leur dessein. Il faut convenir que la mère de pareils généraux est morte depuis longtemps [2]. »

Après ce jugement d'un Français sur Mercy, il est juste d'entendre celui d'un Allemand sur Turenne et Condé :

« Turenne, dit Léopold Ranke, s'entendait comme personne à avoir ses troupes dans la main. On le considérait comme le général le plus habile et le plus expérimenté de son temps. Il ne laissait jamais échapper un avantage que lui offrait une faute de l'ennemi ; il savait surmonter tous les obstacles, faisant toujours le nécessaire et jamais rien d'inutile [3]. »

« Condé possédait ce courage qui ose tout entreprendre, cet empire sur soi-même que rien n'émeut, et en même temps cette ardeur que la vue du danger ne fait que doubler. Sa seule présence relevait tous les courages. Quiconque le voyait au milieu d'une bataille avec sa taille svelte, son visage amaigri, son regard d'aigle, calme sous la mitraille, et l'épée teinte

---

[1] Brisach est à environ 20 kilomètres de Fribourg, en ligne droite.

[2] GRAMONT, *Mémoires*, Collection Petitot, I, 352, 358, 36?. — François de Mercy était né à Longwy en 1590 ; il appartenait à une ancienne famille noble de la Lorraine.

[3] L. RANKE, *Französische Geschichte*, Stuttgart, Cotta, 1877, III, 384.

du sang de l'ennemi, eût pu le prendre pour le dieu de la guerre[1]. »

Mercy n'avait pas attendu l'arrivée de Condé pour occuper d'excellentes positions et pour les fortifier.

A l'est de Brisach, la vallée du Rhin s'élargit, et, pénétrant dans le massif des montagnes de la Forêt-Noire, y forme un vaste demi-cercle auquel aboutissent deux petites vallées : au midi, celle Kirchzarten, arrosée par la Treisam ; au nord, celle de l'Elz, arrosée par la rivière du même nom.

Au commencement du dix-septième siècle, la Treisam, au lieu de se jeter, comme aujourd'hui, dans l'Elz, près de Kenzingen, se perdait dans des marais couverts de bois. Il en résultait que la route qui allait de Brisach en Allemagne était rejetée vers les montagnes, et que Fribourg, bâti sur la rive droite et au nord de la Treisam, au pied du Schloss-berg, la commandait.

Au sud et à peu de distance de Fribourg, sur la rive gauche de la rivière, s'élève une colline, le Lorettoberg ; et au sud-ouest, un groupe de montagnes presque isolé, le Schönberg. S'étendant du nord-est au sud-ouest[2], sur huit kilomètres de long et trois et demi de large, à 400 mètres au-dessus de la plaine du Rhin[3], le Schönberg se rattache au massif de la Forêt-Noire par un col où se trouve le village de Wittnau. L'ensemble des dépressions qui le limitent, à l'est, porte le nom de Thalgang[4].

Pour couvrir ses travaux de siège, Mercy avait barré la plaine et la route de Brisach, à l'ouest de Fribourg, par un retranchement qui s'étendait du Schönberg à la Treisam et aux marais. Turenne ayant tenté, dans son essai de diversion, de tourner les positions des Bavarois en passant par le Schönberg, Mercy fortifia cette montagne. Le point le plus

---

[1] L. RANKE, Id. III, 87.

[2] Le Schönberg forme une sorte de carré long. Des deux petits côtés, celui du nord, en face de Fribourg, va de Wendlingen à Merzhausen, celui du midi, de Kirchhofen à Bollschweil ; des deux grands côtés, celui de l'ouest va de Kirchhofen à Wendlingen, celui de l'est, de Bollschweil à Merzhausen.

[3] Le sommet du Schönberg s'élève à 646 mètres au-dessus du niveau de la mer.

[4] LUFFT, p. 18.

faible, celui où Turenne avait essayé de passer, forme au-
dessus du village d'Ebringen une sorte de plateau appelé le
Bohl. Mercy y fit élever deux redoutes carrées, réunies par
un parapet, et, en outre, au nord, à 4 ou 500 mètres de ces
redoutes, un ouvrage à étoiles [1], dominant les villages de
Wendlingen et Leutersberg. Tous ces ouvrages étaient pré-
cédés d'un abatis formé d'une grande quantité de sapins
couchés en long parallèlement aux retranchements, et dont
les branches étaient à demi coupées et entrelacées les unes
dans les autres, ce qui formait comme des chevaux de frise [2].
Mercy en confia la défense à 600 fantassins, dont la plupart
s'établirent derrière le fort de l'Étoile, près de la source de
Wehrli. En même temps, pour surveiller l'ennemi de plus
près, il transporta son camp d'Adelhausen [3] à Uffhausen,
c'est-à-dire à l'ouest.

A peine arrivé (31 juillet), Condé tint un conseil de guerre.
D'Erlach, qui commandait la garnison de Brisach et qui
seul connaissait exactement le pays de Fribourg [4], fut d'avis
de s'emparer de l'abbaye de Saint-Pierre, d'occuper ainsi la
seule route carrossable conduisant du Rhin au Danube, et de
couper à Mercy sa ligne de retraite, et ses approvisionnements réunis à Villingen sur le versant est des montagnes
de la Forêt-Noire. Cet avis plein de prudence fut appuyé
par les maréchaux de Turenne et de Gramont [5]; mais le
bouillant Condé, dont la stratégie consistait surtout à se jeter
à corps perdu sur l'ennemi, et qui croyait « que rien ne lui
pouvait résister [6] », voulut attaquer aussitôt. Le lendemain
(1er août), il fit avec Turenne une reconnaissance des posi-

---

[1] Pour plus de clarté, je donnerai à cet ouvrage le nom de *fort de l'Étoile*.

[2] LA MOUSSAIE, *Relation* à la suite de l'histoire de Turenne par Ramsay,
Paris, 1773, p. 4. Au dix-septième siècle, les bois qui couvraient la montagne
descendaient à peu près jusqu'à l'abatis ; et au-dessous des bois, jusqu'à la
plaine, des vignes s'étendaient entre Ebringen et Wendlingen.

[3] Aujourd'hui Wiehre.

[4] A. VON GONZENBACH, *Der General H. L. von Erlach*, Bern, Wyss, I, 406.

[5] Antoine, comte de Guiche, né en 1604, maréchal de France en 1641,
prit le nom de Gramont après la [mort de son père, en 1644. GRAMONT,
Mémoires, I, 245, 351.

[6] MONGLAT, *Mémoires*, I, 440.

tions de l'ennemi, et prépara son plan de bataille. Il résolut
d'attaquer les Bavarois de front, dans leurs retranchements
du Bohl, pour descendre ensuite au nord dans la plaine
sur Uffhausen et y surprendre leur camp par le flanc gauche.
Ce plan, assez téméraire, fut amélioré par un mouvement
que proposa Turenne[1], et qui consistait à faire le tour du
Schönberg par le midi, de Kirchhofen à Merzhausen, pour
surprendre ce même camp par derrière. En opérant de
la sorte, on espérait non seulement battre l'armée bavaroise,
mais la faire prisonnière.

En rentrant à Brisach, Condé trouva son armée qui venait
d'arriver. Le lendemain, 2 août, il tint, dans la matinée, un
second conseil de guerre qui approuva son plan d'attaque, et
la journée fut employée à en préparer l'exécution. L'armée de
Condé, qu'on appelait l'armée de France, vint occuper sur le
Batzenberg, colline de peu d'élévation (320 ^{m}), située à l'ouest
du Schönberg, un camp où s'était déjà établi Turenne lorsqu'il
avait essayé de faire lever le siège. Elle comptait
10.000 hommes d'excellentes troupes, dont 6.000 fantassins
et 4.000 cavaliers, avec 15 canons[2]. C'était avec cette armée
que Condé devait attaquer le Bohl. L'armée de Turenne,
appelée armée weimarienne, parce qu'elle avait comme noyau
l'ancienne armée du duc Bernard de Weimar, que la
France avait achetée en même temps que Brisach, comptait
aussi 10.000 hommes, dont 5.000 fantassins et 5.000 cavaliers, avec 20 canons[3]. C'était avec cette armée que Turenne

---

[1] GRAMONT, *Mémoires*, I, 351.

[2] *Armée de France* (CONDÉ).

INFANTERIE, 9 régiments :	CAVALERIE.
Enghien,	Enghien,
Mazarin,	. . . . . .
Guiche,	
Desmarets,	
Fabert,	
Persan,	
Conti,	
Le Havre.	
Bussy.	

[3] L'infanterie weimarienne comprenait 3 régiments de vieilles troupes, et

devait opérer le mouvement tournant. Passant derrière le Batzenberg sans être aperçue des Bavarois, elle vint camper au sud de cette colline, à Kirchhofen (2 août).

Même en partant de grand matin, Turenne, ayant à faire onze kilomètres de mauvais chemins, ne pouvait arriver dans la plaine de Fribourg, sur les derrières de l'ennemi, avant cinq heures du soir. C'est pourquoi il fut convenu que Condé n'attaquerait de son côté qu'à cette même heure, c'est-à-dire trois heures environ avant le coucher du soleil.

Mercy avait appris le 1er août l'arrivée de Condé. Le caractère bien connu de ce prince et sa reconnaissance des positions bavaroises faite en compagnie de Turenne ne lui laissèrent aucun doute sur ses desseins. S'attendant à être attaqué sans retard, il compléta ses fortifications, et se tint prêt. Il avait en tout 12.500 hommes, dont 6.500 fantassins et 6.000 cavaliers[1], un tiers de moins que les deux armées françaises réunies; mais il allait combattre derrière des retranchements.

6 régiments français, nouvellement enrôlés. La cavalerie était composée de vieilles troupes.

Armée weimarienne (TURENNE).

INFANTERIE, 9 régiments :	CAVALERIE.
3 weimariens . . . { Schönbeck (jadis Hattstein), Bernhold, Schomberg.	{ Fleckenstein, Alt-Rosen.
6 français . . . . { Aubeterre, Du Tot, De la Couroune, Montausier-Melun, Mazarin, Mézières.	Turenne, Tracy, ...

[1]

Armée bavaroise (MERCY).

INFANTERIE, 10 régiments de 650 hommes :	CAVALERIE.
Mercy, Rauschenberg, Hasslang, Kolb, Mier, Winterscheid, Royer, Holz, Fugger, Enschering.	Sous Jean de Werth et Gaspard de Mercy.

Mercy n'avait pas prévu le mouvement de Turenne. Croyant les deux armées françaises campées sur le Batzenberg, il pensait n'avoir à supporter qu'une seule attaque, celle de front. Cependant, pour ne rien laisser au hasard, il plaça le régiment de Royer sur les pentes nord-est du Schönberg, au-dessus de Merzhausen, afin de surveiller le débouché du Thalgang dans la plaine de Fribourg. Quatre régiments furent ensuite envoyés, sous le commandement du vaguemestre-général Rauschenberg, pour défendre le Bohl. Mercy en garda quatre autres comme réserve[1] auprès de lui, à Uffhausen. Un dernier régiment, celui d'Enschering, fut laissé à Fribourg pour défendre la ville. La cavalerie, sous les ordres de Jean de Werth, resta dans la plaine. Les chevaux, faute de fourrage, étaient en mauvais état, et d'ailleurs la bataille allait se livrer sur un terrain presque inaccessible à la cavalerie. Les deux redoutes du Bohl ne contenaient que des mousquetaires ; il n'y avait d'artillerie qu'au fort de l'Étoile, où elle se composait de cinq canons.

Le 3 août 1644, un jeudi, au point du jour, Turenne se mit en marche avec toute son armée : infanterie, cavalerie et artillerie. Le même jour, vers quatre heures de l'après-midi, Condé quitta son camp avec son infanterie[2]. Il occupa d'abord le village d'Ebringen. Avec six de ses régiments, il forma trois colonnes d'assaut[3], chacune de 1.600 hommes : la première[4], sous le commandement du maréchal de camp comte d'Espenan[5] ; la seconde[6], sous le maréchal de camp comte de Tournon[7] ; la troisième[8], qu'il gardait près de lui.

---

[1] Mercy resta à son quartier général d'Uffhausen pendant tout le temps de la bataille, afin de pouvoir tout diriger.

[2] Il avait 6.000 hommes, répartis en 9 régiments.

[3] Chaque colonne avait deux régiments de 800 hommes.

[4] Comprenant les régiments Enghien et Persan.

[5] Roger de Bossolt, comte d'Espenan.

[6] Comprenant les régiments Mazarin et Conti.

[7] Le comte de Tournon fut tué au siège de Philippsbourg, en 1644, à l'âge de vingt-sept ans.

[8] Comprenant le régiment de Bussy et un autre inconnu.

Les trois régiments restants[1] formaient une réserve de 1.200
hommes, qui n'avait pas de commandant spécial. La cavalerie
demeura dans la plaine afin de protéger l'infanterie contre
une attaque sur son flanc gauche[2].

Le terrain au-dessus d'Ebringen formait, en 1644, cinq ou
six terrasses superposées les unes aux autres, soutenues par
des murs de 1 mètre d'élévation, et couvertes de vignes. Par
suite d'une guerre déjà longue, la culture avait été abandonnée,
les murs s'étaient en partie écroulés, et les vignes n'avaient
pas d'échalas. Le terrain n'offrait donc pas de grandes difficultés au passage des fantassins. De plus, ces terrasses se
trouvaient hors de la portée du feu de l'ennemi. L'abatis
d'arbres, qui précédait les redoutes, était à la distance
d'environ 125 mètres de la dernière terrasse.

Il était cinq heures du soir lorsque les colonnes d'assaut
quittèrent le village d'Ebringen[3]. A peine arrivée au-dessus
de la dernière terrasse[4], la première colonne, sans attendre
la seconde, se lança en avant pour attaquer la redoute du sud[5].
Les Français n'avaient encore rencontré aucune résistance ;
mais, au moment où ils commençaient à franchir l'abatis, la
redoute ouvrit contre eux un feu de mousqueterie tellement
violent qu'ils furent repoussés en désordre et ne purent
reprendre leurs rangs que dans les vignes, à l'abri du feu de
l'ennemi. La seconde colonne, qui avait pris sur la droite un
chemin plus facile, mais plus long, arrivait au même instant.
Condé l'avait rejointe ; il lança aussitôt les deux colonnes à
un second assaut. L'abatis, en partie renversé dans la
première attaque, fut franchi facilement. Mais Rauschenberg
venait d'envoyer à la redoute un renfort de mousquetaires :

---

[1] Chacun de 400 hommes, au lieu de 800.

[2] *Relation de la Moussaie*, p. 6.

[3] Deux chemins partaient de l'extrémité est du village d'Ebringen : l'un plus
court, mais plus raide ; l'autre, le plus à l'est, plus long, mais moins rapide ;
ils se réunissaient à 100 mètres au midi du plateau et de l'endroit où se trouve
aujourd'hui une grosse croix en pierre.

[4] A la jonction des deux chemins.

[5] Le régiment de Persan, sous le lieutenant-colonel de Fressinet, prit la
droite, et le régiment d'Enghien, sous le lieutenant-colonel de Chamilly, la
gauche.

leur feu, plus vif encore que la première fois, repoussa de nouveau les assaillants[1].

Condé suspendit alors un instant le combat pour remettre ses troupes en ordre. Puis, laissant sur sa droite la première colonne, qui avait le plus souffert, il dirigea la seconde à gauche, afin d'attaquer à la fois les deux redoutes. Le terrain, formant un plateau en cet endroit[2], permettait de déployer un plus grand nombre de troupes; et l'attaque, étant dirigée en même temps sur les deux redoutes, devait affaiblir la défense en la divisant.

Le jour baissait, il fallait se hâter. Les troupes ayant été mises en position, Condé leur adressa quelques paroles véhémentes, leur rappelant la victoire de Rocroy pour enflammer leur courage. Puis il descendit de cheval avec sa suite; et, pendant qu'un fort détachement de mousquetaires, sous les ordres de Tournon, franchissait l'abatis et ouvrait le feu contre le rempart pour frayer le passage aux piquiers, il se mit, entouré de ses officiers, parmi lesquels se trouvait le maréchal de Gramont[3], à la tête de la seconde colonne[4], et donna le signal de l'attaque. La troisième colonne, ce qui restait de la première et la réserve l'appuyaient. Les Bavarois opposèrent la plus vive résistance; mais comme ils n'avaient pas d'artillerie, les deux redoutes furent emportées, et les deux régiments Holz et Fugger, qui les défendaient, furent presque anéantis[5]. Le régiment de Hasslang, qui gardait le parapet reliant les deux redoutes, réussit à s'échapper dans les bois. Avec ce régiment et les débris des deux autres, Raus-

---

[1] La première colonne prit encore la tête, appuyée par la seconde; elle l'entraîna dans sa fuite.

[2] Vers la croix de pierre.

[3] *Relation de la Moussaie,* p. 7.

[4] C'est-à-dire à la tête du régiment de Conti. Ce régiment, sous Saint-Point, se jeta à droite, sur la redoute du sud; le régiment de Mazarin, sous le marquis de Castelnau-Mauvissière, à gauche, sur la redoute du nord.

[5] Le régiment de Conti enleva la redoute du sud et le régiment de Mazarin la redoute du nord. Le régiment de Holz défendait la redoute du sud, et le régiment de Fugger, celle du nord. Condé entra dans la redoute du sud après qu'elle fut prise, et y donna quelques ordres pour la concentration de ses troupes.

chenberg se réfugia dans le fort de l'Étoile, où se trouvait un quatrième régiment. Condé aurait voulu enlever encore cet ouvrage, mais la nuit et la pluie l'en empêchèrent[1].

Les Français avaient perdu de 1.000 à 1.200 hommes ; les Bavarois presque autant[2].

On a raconté que Condé, pour exciter ses soldats, avait jeté son bâton de commandement dans les retranchements ennemis. Ce fait n'a rien de vrai. Condé et sa suite, que leurs cuirasses et leurs bottes de cavaliers auraient empêchés d'ailleurs de suivre les mouvements rapides de l'infanterie, demeurèrent en arrière après avoir franchi l'abatis. Il ne fut question du fait pour la première fois, en ce qui concerne l'attaque du Schönberg, qu'en 1766, cent vingt-deux ans après la bataille, dans l'*Histoire de Condé* par Désormeaux[3].

Qu'était devenu Turenne? Parti de Kirchhofen au point du jour, il était arrivé en une heure à Bollschweil. Les difficultés sérieuses commencèrent à ce village. Au delà, le chemin, à peine praticable pour l'infanterie, l'était moins encore pour la cavalerie et pour l'artillerie. On passa néanmoins, grâce à la vigueur des soldats et à l'aide de paysans réquisitionnés.

A quatre heures de l'après-midi, l'infanterie était parvenue à Wittnau, au col qui rattache le Schönberg à la Forêt-Noire. N'ayant plus qu'à descendre, elle pouvait atteindre la plaine

---

[1] Condé avait appelé à lui le régiment de cavalerie d'Enghien. On a raconté que ce régiment était monté jusqu'au sommet de la montagne, et que là ses trompettes avaient sonné pour annoncer à Turenne la victoire de Condé ; ce fait serait faux.

[2] Les Français avaient 6.000 hommes ; les trois régiments bavarois engagés, 1.950 hommes. Les Français avaient donc perdu 1 homme sur 6 ; les Bavarois, près de 1 homme sur 2. Du côté des Français, le lieutenant-colonel de Fressinet, du régiment de Persan, était tué ; du côté des Bavarois, le colonel Hasslang était tué, le colonel Fugger blessé.

[3] Désormeaux, *Histoire de Louis de Bourbon, prince de Condé*, Paris, 1766, I, 155. — Il en avait déjà été question, mais comme d'un simple « on dit », et comme s'étant passé le 5 août, à l'attaque de Lorettoberg, dans l'ouvrage publié en 1695, soixante et onze ans après la bataille, sous ce titre : *Les batailles mémorables des Français*, t. II. Le fait n'est pas plus vrai dans un cas que dans l'autre. (Lufft, 55.)

Voir le *Mercure français*, t. XXV, 84.

de Fribourg à cinq heures ; mais l'ennemi, qu'elle espérait surprendre, l'attendait. Mercy n'avait été informé de son approche que dans l'après-midi, probablement par un habitant du Thalgang. Il prit aussitôt ses mesures. Sur son ordre, le régiment de Royer, campé près de Merzhausen, vint barrer le chemin avec des abatis d'arbres entre les villages de Wittnau et d'Au. Turenne triompha sans peine de ce premier obstacle en envoyant en avant, sous le commandement du maréchal de camp de Roqueservière, 1.000 mousquetaires qui ouvrirent le passage. La résistance fut plus sérieuse au village d'Au. A environ 200 mètres au midi de ce village, deux ruisseaux [1] forment, en se réunissant, le Mühlenbach, rivière qui, après avoir contourné le Schönberg au nord, allait se perdre dans les marais. A partir de cet endroit [2], sur une longueur de 350 mètres, s'ouvre un défilé dont le village d'Au occupe une partie ; puis on arrive à une vallée qui s'élargit de plus en plus jusqu'à Merzhausen, où commence la plaine de Fribourg. L'infanterie de Turenne traversa le village sans encombre ; mais, arrivée à l'extrémité du défilé, elle rencontra les Bavarois, qui pour la seconde fois lui barraient le passage. Mercy s'était bien vite aperçu qu'il avait affaire à toute l'armée weimarienne. Il pensa, ou que le Bohl étant fortifié se défendrait avec succès, ou qu'il était moins important à garder que l'entrée de la vallée. L'attaque la plus dangereuse semblait être celle de Turenne ; il fallait aller au plus pressé ; ce fut pour cela qu'il envoya contre l'armée de Weimar les quatre régiments d'infanterie qu'il avait gardés en réserve à Uffhausen [3], et qu'il les fit appuyer par quelques escadrons de cavalerie.

L'infanterie bavaroise prit position au nord-est d'Au, sur une colline située sur la rive droite du Mühlenbach, et derrière un ruisseau venant du sud-est. Placée là, en face du défilé, elle empêchait les Weimariens d'en sortir et de se dé-

---

[1] Le Enge, venant du midi par le Hexenthal, et le Satzen, venant du sud-est.

[2] Jusqu'au point où un ruisseau, venant du sud-ouest, se jette dans le Mühlenbach.

[3] Ces quatre régiments comptaient en tout 2.600 hommes.

ployer. Turenne, apprenant que l'ennemi lui barrait le chemin, disposa autant que possible son infanterie des deux côtés du défilé, en mettant en avant les trois régiments weimariens, plus aguerris que les six régiments français. L'artillerie et la cavalerie se trouvaient encore loin.

Il était près de cinq heures ; le combat commença donc dans le Thalgang[1] en même temps que sur le Schönberg. Il n'eut lieu à Au qu'entre les mousquetaires des deux armées[2], et il demeura sans résultat. Au bout de deux heures, la nuit et la pluie le suspendirent, et il n'y eut plus que des escarmouches.

Turenne, par suite de la nature du terrain, avait perdu de 1.500 à 1.700 hommes[3] tués ou blessés, les Bavarois de 1.100 à 1.200[4].

A la nuit, on apprit au quartier général bavarois que Rauschenberg avait perdu les deux redoutes du Bohl et qu'il s'était refugié dans le fort de l'Étoile. Craignant d'être pris entre deux feux par un adversaire supérieur en nombre, Mercy, après avoir consulté ses généraux, résolut de s'établir sur le Lorettoberg, au sud de Fribourg. Il ordonna donc à Rauschenberg d'abandonner l'Étoile, et de venir le rejoindre en emmenant les cinq canons. Il ordonna en même temps au corps d'armée placé devant Turenne de s'établir aussi sur le Lorettoberg. Ce dernier mouvement s'accomplit avec facilité, grâce à un rideau de mousquetaires qui escarmouchèrent toute la nuit, pendant que le gros des troupes se retirait. Au point du jour, ils cessèrent peu à peu leur feu et disparurent à leur tour[5].

---

[1] Cette partie du Thalgang, située au nord du col de Wittnau, s'appelle le Mühlenthal, du nom de la rivière le Mühlenbach.

[2] Les mousquetaires des deux armées n'étaient qu'à environ 50 mètres les uns des autres ; il n'y eut pas là de combat à l'arme blanche. *(Mémoires de Turenne,* p. 9.)

[3] Les trois régiments weimariens surtout avaient souffert ; leur colonel Hattstein et leur lieutenant-colonel Remhinger avaient été tués. Les régiments français firent également quelques pertes ; le marquis d'Aumont et les seigneurs d'Aubeterre, de Roqueservière et de Nettancourt furent blessés.

[4] Les quatre régiments bavarois venus d'Uffhausen et le régiment de Royer comptaient en tout 3.250 hommes.

[5] *Mémoires de Turenne,* 9, 10.

La bataille avait été gagnée par Condé sur le Schönberg ; elle était restée indécise à Au. Les Français avaient perdu en tout de 2.500 à 2.900 hommes tués et blessés, les Bavarois de 2.000 à 2.300. Des deux côtés, l'infanterie seule avait combattu ; le rôle de la cavalerie avait été insignifiant ; celui de l'artillerie tout à fait nul [1].

II

BATAILLE DU LORETTOBERG
— 5 AOUT 1644 —

Condé passa toute la nuit sans avoir aucune nouvelle de Turenne. Le 4 août, de bonne heure, il apprit, par une reconnaissance du comte de Tournon, que le fort de l'Étoile avait été évacué, et, par un avis de Turenne, que le corps d'armée bavarois, qui avait combattu l'armée de Weimar à Au, s'était retiré sur le Lorettoberg [2] ; Mercy lui avait donc échappé. Condé ordonna à son infanterie de descendre au nord sur Uffhausen, pour y occuper le camp que les Bavarois venaient d'abandonner, et à sa cavalerie de s'y rendre par la plaine. Turenne, de son côté, vint camper sur le versant du Schönberg, à l'endroit qu'avait occupé le régiment de Royer.

Arrivé à Uffhausen, Condé, que rien n'arrêtait, voulait attaquer les Bavarois le jour même ; il dut y renoncer, ses généraux lui ayant fait observer que les troupes étaient trop fatiguées pour rien entreprendre, et que la pluie, qui continuait de tomber [3], rendait l'assaut trop difficile. Il employa alors le reste de la journée à reconnaître les nouvelles positions de l'ennemi, en compagnie de Turenne et de Gramont [4].

---

[1] Voir le *Mercure Français*, XXV, p. 87.
[2] Turenne lui en avait envoyé la nouvelle par le seigneur de Paris.
[3] *Mercure Français*, XXV, 88.
[4] Les maréchaux du camp d'Espenan et de Tournon les accompagnèrent.

Un conseil de guerre, tenu à son retour, décida qu'on attaquerait le lendemain, 5 août.

Mercy, prévoyant une seconde bataille, se retrancha aussi bien que le lui permirent l'épuisement de ses troupes et la pluie, et établit son quartier général à Adelhausen[1].

Le Lorettoberg est une colline située à 1 kilomètre au midi de Fribourg, et élevée d'environ 100 mètres au-dessus de la plaine. C'est le dernier contrefort d'un chaînon de montagnes qui aboutit, après plusieurs détours, au Feldberg, le sommet le plus élevé du massif de la Forêt-Noire (1.494^m). S'étendant du nord au sud, sur une longueur de 1 kilomètre, il a deux sommets : le Schlierberg (350^m), au nord, et le Wonnhalde (380^m), au sud, séparés par le col de Bodmann (330^m). Plus au midi encore, le premier sommet que l'on rencontre sur le chaînon du Feldberg a la forme d'un cône et se nomme le Kreuzkopf (530^m). Sa pente du côté du Lorettoberg s'appelle le Bodlesau[2].

Sur le Wonnhalde, vers une tour[3] en ruines, dont il ne reste aujourd'hui plus de traces, Mercy établit un ouvrage garni de canons. Sur le Schlierberg, légèrement au nord de ce sommet, il disposa la plus grande partie de son artillerie autour de l'espace occupé maintenant par la chapelle de Lorette ; il entoura, en outre, le Schlierberg d'un abatis d'arbres à l'ouest et au nord. Le Wonnhalde formait ainsi la gauche des Bavarois, et le Schlierberg leur droite. A leur extrême droite, c'est-à-dire dans la plaine de Fribourg, derrière le ruisseau du Hölderlebach[4], Mercy éleva encore un ouvrage

---

[1] HEILMANN, *Kriegsgeschichte von Bayern*, München, 1868, III, 670. Le récit de la bataille de Fribourg par Heilmann était le meilleur qu'il y eût avant celui de M. Lufft. Voir aussi, de Heilmann : *Die Feldzüge der Bayern*, Leipzig, Meissen, 1851, p. 132. Ce second ouvrage contient une partie des sources du récit de la bataille, entre autres les lettres adressées par Mercy à l'électeur de Bavière.

[2] On donne aussi au Schlierberg le nom de Josephsberg (HEILMANN, *Die Feldzüge der Bayern*, 136). Le Lorettoberg est séparé de Kreuzkopf par le col de Bodlesau (340), où passe un chemin allant du village de Merzhausen à celui de Güntersthal.

[3] Ce sont probablement les ruines de cette tour que quelques relations appellent le Burghalde ou Bergle (HEILMANN, *Kriegsgeschichte*, III, 670).

[4] Ce ruisseau vient du Güntersthal, vallée située à l'est du Kreuzkopf. Après

garni d'artillerie, qui commandait, à droite, la route de Brisach, et, à gauche, le chemin de Merzhausen. La cavalerie bavaroise, sous les ordres de Jean de Werth et de Gaspard de Mercy, frère du général en chef, entourait cet ouvrage. L'extrême droite était, en outre, protégée par la grosse artillerie des remparts de Fribourg[1].

Du côté des Français, l'armée de Weimar formait la droite, à Merzhausen; celle de France, la gauche, à Uffhausen. Il fut décidé que Turenne attaquerait le Wonnhalde avec l'infanterie de Weimar[2], qu'Espenan attaquerait le Schlierberg avec l'infanterie de France, et qu'une fausse attaque serait dirigée entre ces deux sommets sur le col de Bodmann, afin d'affaiblir les deux ailes bavaroises par une diversion.

La cavalerie des deux armées, placée[3] sous le commandement supérieur du maréchal de Gramont, devait occuper la plaine, afin d'empêcher la cavalerie bavaroise d'inquiéter l'infanterie française pendant son attaque. Enfin l'artillerie de Weimar était disposée sur la pente du Schönberg, audessus de Merzhausen, à 1.100 mètres du Wonnhalde[4], et l'artillerie de France dans la plaine, à l'ouest, et à 1.200 mètres du Schlierberg. Mais, du côté des Français, l'artillerie ne devait jouer qu'un faible rôle dans la bataille.

Les deux armées françaises réunies comptaient 8.000 fantassins et 9.000 cavaliers, en tout 17.000 hommes; l'armée

---

avoir longé le Lorettoberg à l'est, il passe à peu de distance au nord de cette colline et se jette dans la Treisam.

[1] HEILMANN, *Kriegsgeschichte*, III, 670. *Relation de la Moussaie*, 12.

[2] Renforcée par 500 mousquetaires de l'armée de France.

[3] Celle de Weimar, sauf le régiment de Fleckenstein, était sous le général-major Rosen, et celle de France sous les maréchaux de camp Palluau et Marsin. Reinholt Rosen, seigneur de Grosropp, issu d'une des premières familles de la noblesse de Livonie, avait servi sous Gustave-Adolphe et Bernard de Weimar. Philippe de Clérembault, comte de Palluau, fut fait maréchal de France en 1653, sous le nom de maréchal de Clérembault. Jean-Gaspard-Ferdinand de Marsin, seigneur liégeois, devint comte du Saint-Empire et chevalier de l'ordre de la Jarretière en Angleterre (RAMSAY, I, 116, 120, 128, notes).

[4] Peut-être quelques pièces étaient-elles aussi installées sur le versant du Kreuzkopf.

bavaroise 4.000 fantassins et 6.000 cavaliers, en tout 10.000 hommes[1].

Les deux armées de Condé se mirent en marche le 5 août 1644[2], de bon matin. L'infanterie weimarienne, 3.000 hommes environ, était précédée par un détachement de 1.000 mousquetaires[3], placé sous le commandement du sergent de bataille l'Échelle[4]. Condé, se proposant d'enlever d'abord le Wonnhalde, afin de prendre ensuite plus facilement le Schlierberg qui était moins élevé, voulait détourner l'attention de la première de ces positions en attaquant d'abord la seconde. L'armée de Weimar ne devait donc donner l'assaut qu'après l'armée de France. Il ne semble pas malheureusement qu'on se fût assez bien entendu sur le signal qui devait annoncer ce premier assaut[5].

Pendant que l'infanterie de France se rendait d'Uffhausen au pied du Schlierberg, un officier du régiment de Fleckenstein vint annoncer qu'une grande confusion régnait dans le camp des Bavarois. Condé et Turenne, afin de s'en assurer, gravirent aussitôt le Bodlesau, au sud du Lorettoberg. Ils pensaient avoir le temps de faire cette reconnaissance avant l'attaque, et ils avaient d'ailleurs donné, en passant, l'ordre d'attendre leur retour. Mais, à peine arrivés au Bodlesau, ils

---

[1] L'infanterie bavaroise, 3.925 hommes, était distribuée savoir : 1.550 hommes sur le Wonnhalde, 1.875 sur le Schlierberg, y compris la moitié de la garnison de Fribourg, soit 325 hommes ; le régiment de Royer (500) gardait le col de Bodmann.

[2] Un samedi. Du Jarrys de la Roche, on ne sait pourquoi, place au 4 août la bataille du 3, et au 7 août la bataille du 5 ; c'est une erreur. (CARL DU JARRYS FREIHERR VON LA ROCHE. *Der dreissigjährige Krieg vom militärischen Standpunkte aus beleuchtet.* Schaffhausen, 1848-1852, III, 359.)

[3] Sur ces 1.000 mousquetaires, 500 appartenaient à l'armée de Weimar, 500 à l'armée de France.

[4] Le grade de sergent de bataille était supérieur à celui de colonel et inférieur à celui de maréchal de camp. L'Échelle remplaçait Roqueservière, grièvement blessé. D'après Turenne, cette avant-garde avait avec elle 4 canons de campagne. (*Mémoires de Turenne*, p. 11.)

[5] L'infanterie de l'armée de Weimar était formée surtout par les six régiments français, car les trois régiments weimariens avaient été presque anéantis dans le combat du 3 août. Elle devait avoir en tête la brigade d'Aubeterre, composée des deux régiments d'Aubeterre et du Tot, et commandée par le lieutenant-général d'Aumont.

entendirent un grand bruit. Ils redescendirent à bride abattue. La bataille s'engageait plus tôt qu'ils ne l'avaient pensé, et sur le Wonnhalde, au lieu du Schlierberg. Un évènement fortuit en avait été la cause. L'avant-garde de l'infanterie de France ayant rencontré un ouvrage occupé par quelques mousquetaires bavarois, ouvrage de peu d'importance, mais qui gênait la marche, Espenan ordonna de l'enlever. L'ouvrage résista plus qu'on ne pensait; des renforts arrivèrent des deux côtés, et les Bavarois se retirèrent; ce n'était là qu'une escarmouche; mais les coups de mousquet qu'on y avait tirés avaient été pris par l'aile droite pour le signal convenu, et l'Échelle avait attaqué le Wonnhalde. Espenan, entendant le bruit d'un combat sur sa droite avant qu'il eût attaqué lui-même, pensa que quelque chose d'imprévu s'y passait, et qu'il devait attendre de nouveaux ordres; il suspendit donc son attaque contre le Schlierberg et le col de Bodmann[1].

Cependant les mousquetaires avaient été accueillis sur le Wonnhalde par un feu violent de mousqueterie et d'artillerie; l'Échelle fut blessé mortellement, et ses soldats reculèrent. C'était le moment où Condé et Turenne arrivaient du Bodlesau. Ils ramenèrent les mousquetaires au combat, et Turenne les fit appuyer par le régiment de cavalerie weimarienne de Fleckenstein, commandé par le lieutenant-général Taupadel. L'affaire fut extrêmement chaude. Condé eut le pommeau de sa selle emporté par un boulet, et le fourreau de son épée brisé; il reçut plusieurs balles sur sa cuirasse. Gramont, accouru de l'extrême gauche pour savoir ce qui se passait, eut un cheval tué sous lui.

Mercy, voyant que sa droite n'était pas attaquée, avait renforcé sa gauche. Les mousquetaires français et les cavaliers de Fleckenstein avaient déjà beaucoup souffert. Cependant le gros de l'infanterie arrivait. Les Bavarois, qui avaient fait une sortie, rentrèrent dans leurs retranchements, et Condé fit recommencer l'attaque. Il lança en avant la brigade d'Aubeterre[2] commandée par Tournon, et l'appuya lui-même

---

[1] *Mémoires de Turenne*, p. 12. — *Relation de la Moussaie*, p. 13.
[2] Composée des régiments d'Aubeterre et du Tot.

avec la brigade Roqueservière[1]. Mais le feu des Bavarois devint si vif, que la première brigade s'enfuit, entraînant la seconde ; et les généraux ne purent remettre leurs troupes en ordre que lorsqu'elles se trouvèrent hors de la portée de l'artillerie. L'attaque du Wonnhalde avait coûté 1.100 hommes à l'armée de Weimar et 300 hommes aux Bavarois. L'échec des Français venait, en grande partie, de ce qu'on ne s'était pas suffisamment entendu sur le signal à donner.

Condé n'ayant pu s'emparer du Wonnhalde dans la matinée, résolut d'attaquer le Schlierberg dans l'après-midi. L'assaut devait être donné par l'infanterie de France sous le commandement du sergent de bataille Mauvilly[2]. Cette infanterie, comptant en tout 4.600 hommes, était partagée en deux corps : celui de droite, comprenant cinq régiments, et celui de gauche, quatre. Chaque régiment, fort de 500 et quelques hommes, était disposé sur une seule ligne. Le corps de droite avait donc cinq lignes, le corps de gauche, quatre ; et comme les deux corps se trouvaient à peu de distance l'un de l'autre, chaque ligne, sauf la cinquième, avait 1.000 hommes de front sur 1 seulement de profondeur. Cette disposition, qui offrait peu de prise au feu de l'ennemi[3], donnait au soldat peu de solidité[4]. L'infanterie était couverte des deux côtés par une partie de la cavalerie sous le commandement de Palluau[5]. Le reste de la cavalerie[6], sous les ordres de Gramont[7], demeurait dans la plaine à l'extrême gauche.

[1] Composée des régiments de la Couronne et de Montausier-Melun.

[2] L'assaut devait être donné, non plus à l'ouest comme le matin, mais au nord et au nord-ouest, parce que le terrain de ce côté semblait moins difficile.

[3] Cette disposition, bonne en face de l'artillerie, l'était beaucoup moins en face de la mousqueterie.

[4] Le corps de droite comprenait les cinq régiments Enghien, Mazarin, Guiche, Desmarets et Fabert ; celui de gauche, les quatre régiments Persan, Conti, le Havre et Bussy.

[5] A droite, se trouvaient les deux régiments Turenne et Tracy, de la cavalerie de Weimar ; à gauche, une partie de la cavalerie de France.

[6] Le reste de la cavalerie de France et quatre régiments de la cavalerie de Weimar.

[7] Assisté de Marsin et de Rosen.

Les deux corps d'attaque avaient, en outre, une réserve de deux régiments, l'un d'infanterie[1], l'autre de cavalerie[2]. Ce fut auprès de cette réserve que se plaça Condé avec sa suite et le comte de Tournon. L'ensemble de l'attaque était dirigé par Turenne, ayant Espenan pour chef d'état-major.

A droite, l'infanterie de Weimar[3] et les restes du régiment de cavalerie de Fleckenstein avaient à faire une diversion contre le Wonnhalde, sous le commandement du lieutenant-général d'Aumont. Mais ces troupes avaient trop souffert le matin pour pouvoir rien faire de sérieux le soir.

L'artillerie garda probablement le soir les mêmes positions que le matin, et ne servit pas davantage.

Mercy n'avait rien changé à sa défense; il se contenta de renforcer sa droite avec des troupes tirées de sa gauche; il avait fait l'inverse le matin[4].

Vers cinq heures de l'après-midi, la chaleur du jour étant passée, les deux corps d'infanterie attaquèrent le Schlier-berg[5]. Malgré le feu de l'artillerie bavaroise, la première ligne traversa l'abatis. Un violent feu de mousqueterie, qui vint se joindre à celui de l'artillerie, le lui fit repasser. Turenne fit alors avancer la seconde ligne, puis la troisième : elles ne purent franchir l'abatis; enfin, appuyées par la quatrième ligne, elles le traversèrent sur certains points, mais furent encore arrêtées. Tout le corps de gauche se trouvait engagé; Turenne lança la cinquième ligne du corps de droite et le régiment d'infanterie de la réserve[6]. Ces troupes gagnèrent du terrain, et s'approchèrent peu à peu des batteries bavaroises; elles allaient même les emporter, lorsque les Bavarois firent une sortie. Ce n'étaient pas des fantassins qui s'avançaient ainsi hors des retranchements, mais des cavaliers : des dragons et des cuirassiers, que le frère du général en chef, le vaguemestre-général Gaspard de Mercy avait fait descendre

---

[1] Celui de Mazarin : 500 hommes.
[2] Celui d'Alt-Rosen.
[3] Sauf le régiment de Mazarin.
[4] Le Schlierberg eut alors 2.225 hommes, au lieu de 1.875.
[5] Celle de droite au nord-ouest; celle de gauche, au nord.
[6] Mazarin.

de cheval, et qui venaient de gravir le Schlierberg du côté de
l'est. Ces cavaliers repoussèrent les Français ; Gaspard de
Mercy fut tué, mais l'infanterie de France éprouva tant de
pertes et fut mise dans un tel désordre qu'elle dut cesser
toute attaque et rentrer dans son camp. « Il est certain que
si l'ennemi eût pu juger bien sainement de la confusion des
troupes du roi, toute l'armée était perdue, au moins toute
l'infanterie [1]. » Turenne couvrit sa retraite avec la cavalerie,
et la nuit facilita ce mouvement [2].

Du côté du Wonnhalde, d'Aumont n'avait rien pu faire, à
cause de l'épuisement de ses troupes.

Les pertes de l'armée de France étaient de près de 4.000
hommes tués ou blessés ; Mauvilly avait été tué. Les Bavarois
avaient perdu 1.200 hommes. Le total des pertes dans les
deux combats du 5 août avait donc été de 5.000 tués ou blessés pour les Français : de 1.500 pour les Bavarois. On a
raconté qu'à la vue des morts qui jonchaient le champ de
bataille, Condé se serait écrié : « Une seule nuit de Paris
réparera nos pertes ; » parole odieuse, si elle avait été pro-
noncée [3].

Les batailles de Fribourg sont au nombre des plus san-
glantes de la guerre de Trente ans. Jean de Werth déclarait
n'en avoir jamais vu de pareilles [4]. Dans les deux journées, les
Français avaient perdu 8.000 hommes, les Bavarois 4.000.
Mazarin, dit-on, versa des larmes en en recevant la nouvelle. On n'en fit pas moins frapper à Paris une médaille

---

[1] *Mémoires de Turenne*, p. 15.

[2] *Mémoires de Gramont* I. 356. — *Relation de la Moussaie*, 15. L'infanterie des Bavarois était trop épuisée et leur cavalerie trop pesante pour
inquiéter la retraite des Français. La légende du bâton de Condé, dont quelques
historiens ont placé le théâtre, les uns sur le Wonnhalde, les autres sur le
Schlierberg, n'est pas plus vraie pour la bataille du 5 août que pour celle
du 3. Condé, demeuré avec la réserve, n'approcha pas des retranchements.
(A. LUFFT, p. 88, 103.)

[3] PUFENDORF, *De rebus succicis*, Ramsay, 1, 126. — BARTHOLD, *Geschichte des grossen deutschen Krieges*. Stuttgart, 1842, 1843, II, 491.

[4] KOCH, *Geschichte des deutschen Reichs unter der Regierung Ferdi-
nands III*, 1, 461.

portant cette inscription : « A la défaite des Bavarois à Fribourg[1]. »

Mais Condé avait-il remporté la victoire? Le 3 août, il avait enlevé les retranchements du Schönberg, et le combat était demeuré indécis dans le Thalgang; le 5 août, toutes ses attaques contre le Lorettoberg avaient échoué, et il s'était retiré avec des pertes énormes.

Si les pertes des Français furent plus considérables le 5 août que le 3, cela vient de ce que l'artillerie bavaroise, qui n'avait pas figuré au Schönberg, joua un rôle important sur le Lorettoberg; et si les pertes des Bavarois furent, au contraire, proportionnellement moins considérables, cela vient surtout de ce que les retranchements du Schönberg avaient été forcés, tandis que ceux du Lorettoberg ne le furent pas. L'artillerie française n'agit pas beaucoup plus le 5 que le 3. Quant à la cavalerie, elle s'était bornée à couvrir la retraite du côté des Français; elle avait, du côté des Bavarois, mais à pied, empêché la prise du Schlierberg. Les combats du 5 août furent donc, comme ceux du 3 août, des combats d'infanterie. Ce résultat, dû à la nature du terrain, n'en est pas moins curieux, parce qu'à cette époque le chiffre de la cavalerie dépassait souvent celui de l'infanterie[2].

Napoléon, dans ses observations sur les campagnes de Turenne, a porté sur Condé, au sujet de cette bataille, le jugement suivant :

« Le prince de Condé a violé un des principes de la guerre de montagnes : ne jamais attaquer les troupes qui occupent de bonnes positions dans les montagnes, mais les débusquer en occupant des camps sur leurs flancs ou leurs derrières[3]. »

---

[1] La médaille aurait été frappée par ordre de l'Académie française. (A. LUFFT, 104.)

En souvenir de la bataille, un bourgeois de Fribourg, Christophe Mantz, fit élever à ses frais la chapelle de Lorette, à l'endroit du Schlierberg où s'était trouvée l'artillerie bavaroise. D'après une légende, qui est fausse, cette chapelle aurait été construite par Mercy en suite d'un vœu. (A. LUFFT, 105, 106.)

[2] Le *Mercure Français* donne le nom de tous les officiers tués. (XXV, p. 96).

[3] NAPOLÉON, *Observations sur les campagnes de Turenne*, p. 343. — Voir aussi le *Mercure Français*, XXV, p. 90.

Les Français n'avaient plus que 3.400 fantassins et 8.600 cavaliers, en tout 12.000 hommes avec 35 canons[1]. Les trois jours suivants, 6, 7 et 8 août, ils demeurèrent dans leurs positions.

« On resta trois jours dans le camp, dit Gramont, trois jours qui furent employés à faire rapporter à Brisach, par une partie des charrettes de l'armée, tous les officiers et les soldats qui avaient été blessés à ces deux grandes actions. Ce séjour fut terrible, car l'on demeura au milieu de tous les corps morts; ce qui causa une telle infection, que beaucoup de gens en moururent; mais il n'y avait pas moyen de faire autrement, et le mal était inévitable[2]. »

Condé se hâta de faire venir de Brisach des renforts et des approvisionnements. Dès le soir du 8 août, son infanterie s'éleva de 3.400 hommes à 7 ou 8.000.

Les Bavarois, toujours campés sur le Lorettoberg, avaient 2.300 fantassins, sans compter le régiment d'Enschering qui gardait Fribourg, et 5 à 6.000 cavaliers. L'état des chevaux était devenu de plus en plus mauvais, par suite du manque de fourrage; on les nourrissait de sarments et de feuilles d'arbres.

Mercy employa les trois jours qui suivirent la bataille à renforcer encore ses positions. Toutefois, avec sa prudence ordinaire, afin d'assurer au besoin sa retraite, il fit élever un retranchement au Hohlengraben, point où passait la route allant de Fribourg à Villingen.

Le 6 août, lendemain de la bataille, Condé, malgré son échec et ses pertes, se proposait encore d'enlever les positions de l'ennemi. Mais le 7, voyant que Mercy continuait à se fortifier, il y renonça. Ne pouvant le déloger par la force, il fit ce qu'il aurait dû faire tout d'abord; il adopta l'avis que d'Erlach avait exprimé dans le Conseil de guerre

---

[1]

Armée de France.	900 fantassins,	3.900 cavaliers.
Armée de Weimar.	2.500 —	4.700 —
	3.400 fantassins,	8.600 cavaliers.

[2] GRAMONT. *Mémoires*. I, 357.

du 31 juillet, qui était de l'y contraindre par des manœuvres. Il résolut donc d'entrer par le village de Langendenzlingen dans le Glotterthal, vallon qui s'ouvre dans le massif de montagnes situé entre les vallées de l'Elz et de la Treisam ; d'occuper, à l'abbaye de Saint-Pierre, la route qui va de Fribourg à Villingen par Saint-Pierre, Saint-Märgen, le Hohlengraben et Fürtwangen, et de couper de la sorte à Mercy sa ligne de retraite et ses approvisionnements.

Il se mit en marche le 9 août. Turenne, ayant en tête la cavalerie de Rosen, partit au point du jour avec l'armée de Weimar et rejoignit l'armée de France. Les deux armées passèrent ensuite la Treisam à Betzenhausen, à l'ouest de Fribourg ; puis, suivant, à partir de Lehen, avec des difficultés qu'on a peut-être exagérées, le chemin étroit et fangeux qui traverse les marais, elles se dirigèrent au nord-est vers Langendenzlingen, où elles arrivèrent dans l'après-midi. Condé était resté dans la plaine de Fribourg avec la cavalerie de France en ordre de bataille, afin de couvrir son infanterie contre une attaque de flanc qu'auraient pu opérer les Bavarois pendant le passage de la rivière. Les Bavarois n'ayant pas bougé, il traversa la Treisam à son tour et prit les devants.

Mercy suivait avec attention le mouvement de Condé. Il crut d'abord qu'il se dirigeait le long du Rhin, vers Kenzingen et le bas Palatinat. Mais en le voyant prendre la direction de Langendenzlingen et du Glotterthal, Mercy en conclut qu'il marchait sur Saint-Pierre, et partit aussitôt pour y arriver avant lui. Il prit pour cela un chemin qui part de la vallée de la Treisam, au village de Stegen, et aboutit à l'abbaye de Saint-Pierre en remontant le val d'Eschbach [1]. Après avoir marché toute la nuit, il arriva avec le gros de ses troupes à Saint-Pierre, le 10 août, au point du jour [2].

Il venait de dépasser l'abbaye, et s'engageait déjà sur la

---

[1] Mercy employa aussi un chemin plus à l'est et plus court que l'autre, mais encore plus mauvais, allant de Buchenbach à Saint-Märgen par le val de Wagensteige ; mais il y passa peu de monde.

[2] Le soleil se levait ce jour-là à quatre heures trente-deux minutes.

route de Villingen, lorsqu'il vit arriver, sur la crête qui sépare
en cet endroit le Glotterthal de l'Eschbachthal, une avant-
garde de cavalerie française. L'infanterie bavaroise était
déjà hors d'atteinte; mais l'artillerie et les bagages, restés
en arrière à cause du mauvais état des chemins, ne faisaient
que d'arriver à Saint-Pierre. Jean de Werth formait l'arrière-
garde avec la cavalerie.

Condé ayant appris à Langendenzlingen, dès le soir
du 9 août, que Mercy avait levé son camp, en avait conclu,
de son côté, que c'était pour aller à Saint-Pierre, et il avait
fait tous ses efforts pour l'y devancer. Le général-major
Rosen fut envoyé en avant avec huit escadrons de cavalerie
(800 hommes) des mieux montés. Il avait ordre de gagner
Saint-Pierre en remontant le Glotterthal, et d'y arrêter l'ennemi, ou du moins de retarder sa marche jusqu'à ce que le gros
de l'armée eut rejoint. Il eut beau se hâter, il arriva trop tard.
Il attaqua néanmoins, jetant, à gauche, sept escadrons sur l'infanterie, et, à droite, un escadron sur les bagages et l'artillerie, encore engagés dans l'Eschbachthal. Il échoua. Pendant
que Mercy faisait faire volte-face à son infanterie, et repoussait trois attaques des sept escadrons, en leur infligeant de
fortes pertes et en leur enlevant plusieurs drapeaux, Jean de
Werth, avec l'arrière-garde, repoussait le huitième escadron,
et dégageait l'artillerie et le bagage.

Cependant Condé approchait avec le gros de ses forces.
Mercy, qui lui était inférieur en nombre, ne l'attendit pas ; et
attirant à lui son artillerie et son bagage, il fila rapidement
par Saint-Märgen et le Hohlengraben vers Villingen, où il
arriva le même jour, 10 août.

Condé se flatta un instant de l'espoir que l'ennemi s'arrêterait
à ses retranchements du Hohlengraben pour les défendre, et qu'il
pourrait l'y attaquer. Il le poursuivit donc jusque-là. Mais
Mercy ne s'arrêta pas ; et comme il avait une heure d'avance,
il fallut renoncer à l'atteindre [1].

Condé laissa reposer ses troupes le 11 août; puis, après

____

[1] *Relation de la Moussaie*, 21.

avoir incendié l'abbaye de Saint-Pierre[1] et le château de Wiesneck, il revint à Langendenzlingen, où il avait laissé son artillerie et ses approvisionnements. Il avait pris aux Bavarois quelques bagages et trois canons ; il brûla les bagages à Saint-Pierre, et ramena les canons.

Telle fut la bataille, ou plutôt la campagne de Fribourg. Elle fait plus d'honneur à Mercy qu'à Condé. Elle se termina néanmoins à l'avantage des Français, car les Bavarois furent obligés de se retirer. La défaite de l'Autriche et de la Bavière, que Bernard de Weimar et Guébriant avaient commencée, Condé et Turenne, du côté des Français, Torstenson et Wrangel, du côté des Suédois, l'achevèrent. La diplomatie, d'ailleurs, vint en aide à la guerre ; et si l'éclat de nos victoires a été exagéré, le résultat final n'en a pas moins été le triomphe de la France.

[1] L'abbé, Mathieu Welzenmüller, se réfugia en Suisse.

FIN

LYON. — IMPRIMERIE PITRAT AINÉ, RUE GENTIL, 4.

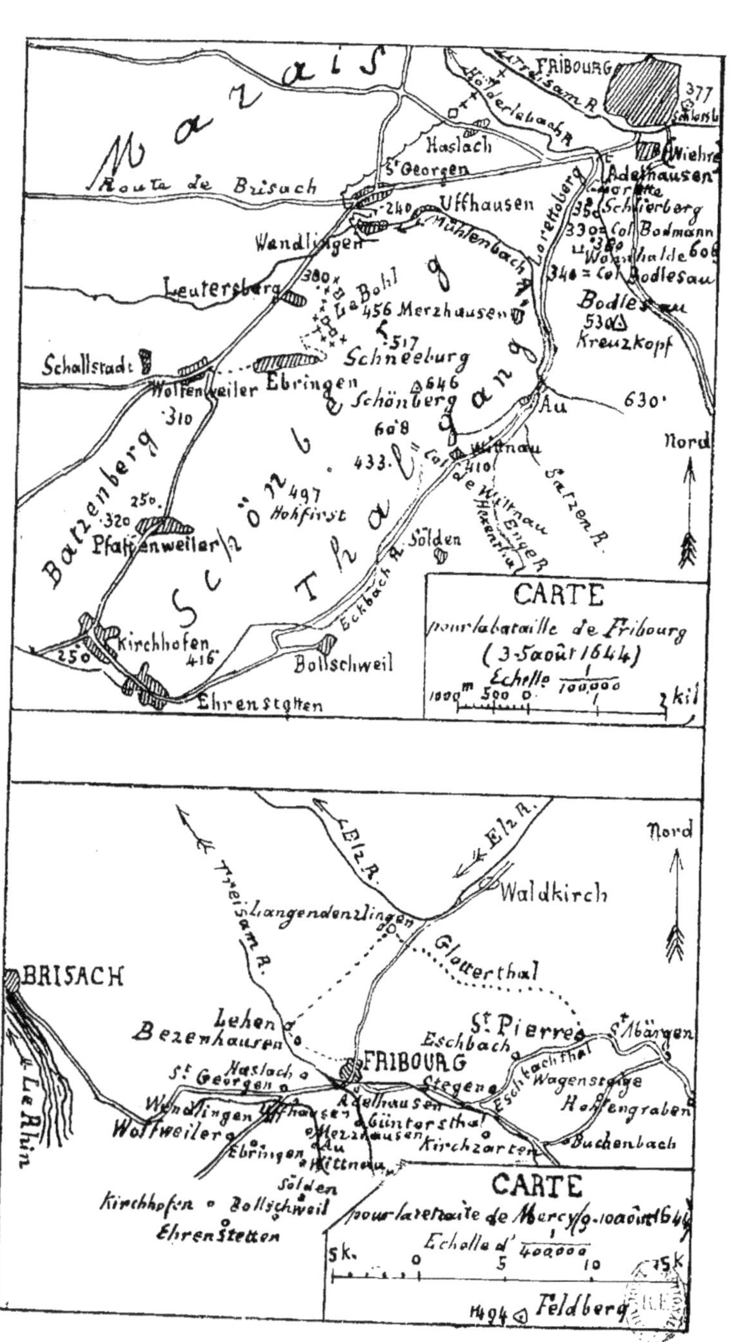

Marais
FRIBOURG
Holderlabach R.
Treisam R.
377
Schlossb
Haslach
Wiehre
St Georgen
Adelhausen
Route de Brisach
Loretta
240
Uffhausen
Loretteberg
350 Schierberg
Wandlingen
Mühlenbach
330 Col Bodmann
380
Leutersberg
380
Wonnhalde 608
La Bohl
340 Col Bodlesau
456 Merzhausen
Bodlesau
517
530
Schneeburg
Kreuzkopf
Schallstadt
646
Wolfenweiler Ebringen
Schönberg
Au
630
310
608
Nord
Barzenberg
Wittnau
433
410
Col
de Wittnau
Salzen R.
250
497
Enger
Hexenthal
320
Hohfirst
Schönthal
Pfaffenweiler
Eckbach R. Sölden
Kirchhofen
416
CARTE
250
Bollschweil
pour la bataille de Fribourg
Ehrenstetten
(3-5 août 1644)
Echelle 1/100.000
1000m 500 0   1   2 kil

Elz R.
Elz R.
Nord
Treisam R.
Langendenzlingen
Waldkirch
Glotterthal
BRISACH
Lehen
St Pierre
St Abärgen
Bezenhausen
Eschbach
Le Rhin
St Georgen
Haslach
FRIBOURG
Stegen
Eschbachthal
Wagensteige
Wendlingen Uffhausen
Adelhausen
Hoffengraben
Wolfweiler
Güntersthal
Ebringen
Merzhausen
Kirchzarten
Buchenbach
Au
Wittnau
Sölden
CARTE
Kirchhofen Bollschweil
pour la retraite de Mercy (9-10 août 1644)
Ehrenstetten
Echelle d' 1/400.000
5k.   0   5   10   15k
1494 Feldberg